Couverture inférieure manquante

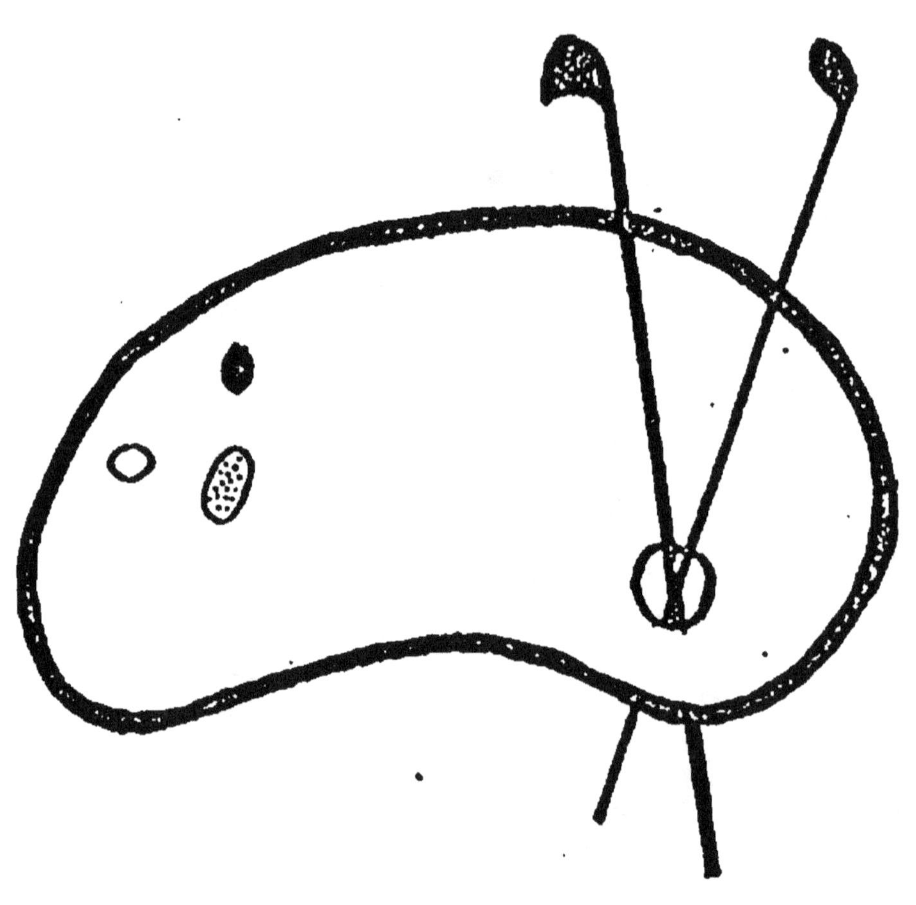

DEBUT D'UNE SERIE DE DOCUMENTS
EN COULEUR

LOUIS PECCATE

—

NOTRE-DAME

DES FRISCHES

Essai d'Étude en prose et en vers

Avec une Préface de Gustave LE VAVASSEUR

———◇◆◇———

LA FERTÉ-MACÉ

IMPRIMERIE-LITHOGRAPHIE Ve A. BOUQUEREL

9, rue Chauvière, 9

—

1896

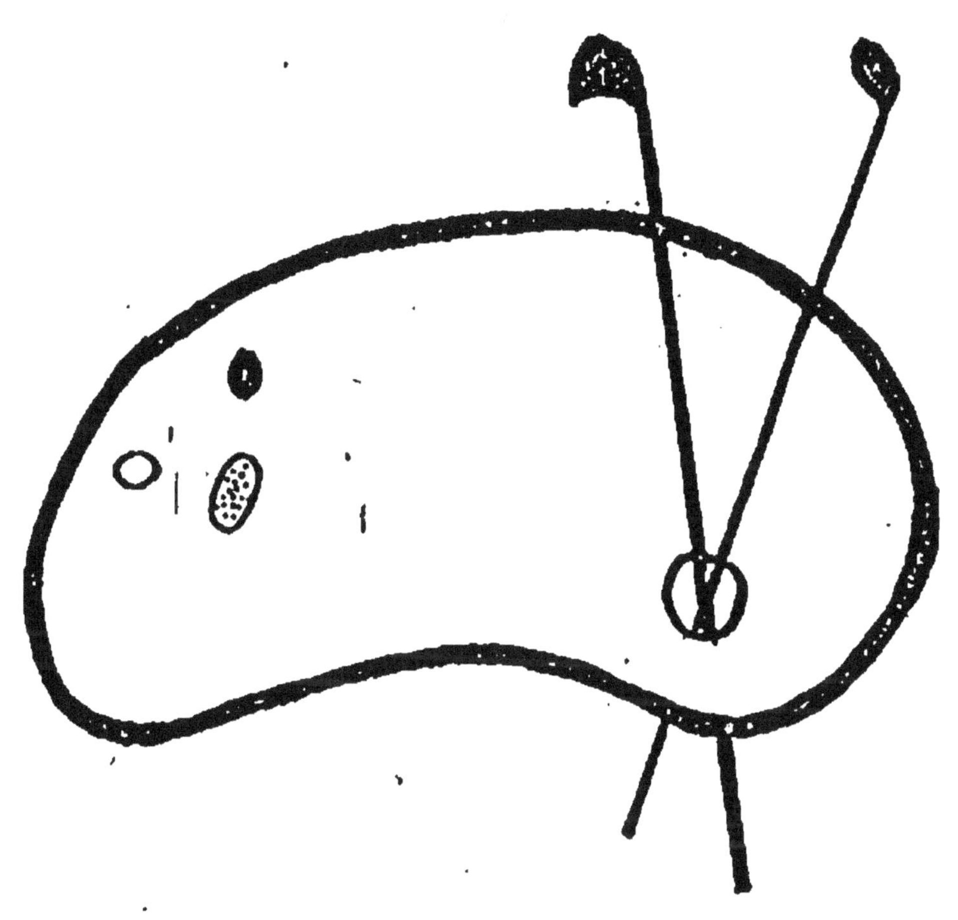

FIN D'UNE SERIE DE DOCUMENTS
EN COULEUR

LOUIS PECCATE

—

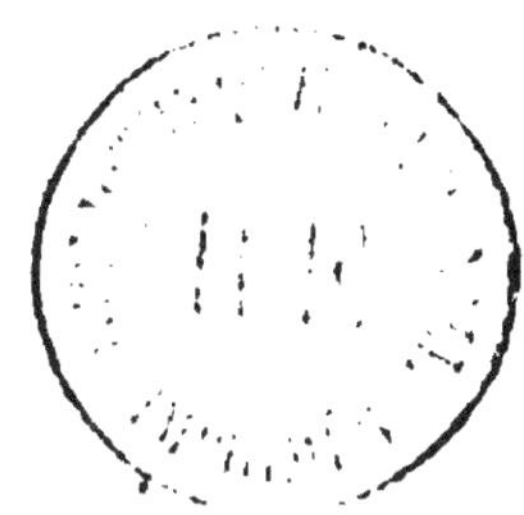

NOTRE-DAME DES FRISCHES

Essai d'Etude en prose et en vers

Avec une Préface de Gustave LE VAVASSEUR

LA FERTÉ-MACÉ

TYPOGRAPHIE-LITHOGRAPHIE Vᵉ A. BOUQUEREL

9, rue Chauvière, 9

—

1896

PRÉFACE

La Lande-de-Lougé, 15 décembre 1895.

A Monsieur Peccate fils, à la Sauvagère,

On dit que les poètes ne sont pas modestes, mon cher confrère ; ce sont, à mon avis, des prosateurs jaloux qui font courir ce mauvais bruit. En tout cas, vous répondez de la bonne encre et du bon exemple à la médisance ou à la calomnie. Sollicité par votre ancien catéchiste, obéissant d'ailleurs à vos propres sentiments, vous avez voulu comme un des pieux habitants de votre commune, bâtir un petit monument à votre « bonne Vierge », Notre-Dame des Frisches. Mais, comme vous n'êtes pas architecte, c'est en prose et en vers que vous avez composé votre ex-voto. Rien de mieux. A chacun son métier. Les prémices de votre art sont le sacrifice le plus agréable que vous puissiez offrir à la protectrice de votre vallée.

Désireuse de le rendre plus digne d'elle et docile aux conseils de votre modestie, vous avez voulu, avant de présenter votre bouquet, le soumettre à l'examen de votre doyen. Vous m'avez ainsi associé à votre œuvre que j'ai jugée, critiquée, épluchée en maitre d'école impitoyable et bourru. Toutefois, si je la châtiais rudement, je l'aimais plus encore. Elle évoquait devant moi l'aimable et sympathique figure du bon abbé dont le doux entêtement et le patriotisme résolu sont venus à bout de rendre à sa chère commune de la Sauvagère le sanctuaire conquis par celle de Saint-Michel-des-Andaines. C'est à cette condition que l'excellent et patriote abbé Bernier a pu aller au Paradis sans rancune.

Excellent et patriote, c'étaient bien là deux de ses qualités, mais sa vertu maitresse était la persévérance, l'opiniâtreté douce et bien orientée. De son apprentissage de charpentier, il n'avait retenu que sa dévotion à saint Joseph, et mes souvenirs ne me rappellent aucune de ses confidences à ce sujet. Ce qu'il racontait avec une gaîté communicative, c'était sa vie de *chamberlain* au collège d'Argentan.

L'existence similaire de Jules Simon, racontée par lui d'une façon si touchante, était une vie de sybarite auprès de celle que menaient François Bernier et son compagnon. Celui-ci était le fils d'un boucher d'Écouché. Les deux écoliers avaient loué une chambre à frais communs. Ils y faisaient leur cuisine. Le dimanche, le fils du boucher allait à la provision chez son père ; mais aux jours d'abstinence, c'était au camarade à faire la poissonnerie. Il était connu sur le marché, et les harengères, changeant de vocabulaire, avaient pour lui de petits mots d'amitié. Il attendait le vendredi soir et la sortie de la classe. En

passant près des étaux, il tendait sa blouse et, pour quel·
ques sous, on la remplissait de *marandage*. Le lot de
petits poissons allait tomber dans la marmite ou dans la
poêle commune, et les deux associés se régalaient gaie·
ment de la bouillabaisse domestique.

La sagesse, la sobriété, l'économie aidant, François
Bernier fit ainsi ses humanités, mais le plus difficile restait à faire. Il se sentait appelé au sacerdoce, mais quel
chemin prendre pour monter à l'autel ? Les trois ou quatre
années de séminaire diocésain, malgré les facilités don-
nées, épuisent les petites ressources ; il n'est guère pru·
dent de s'engager dans un chemin quand on ne sait
comment arriver au bout. Dans ce temps·là, mon regretté
frère le R. P. Le Vavasseur, dirigeait déjà le séminaire
colonial confié à la congrégation du Saint-Esprit et du
saint cœur de Marie. L'Etat faisait tous les frais d'éduca-
tion préparatoire en échange de l'engagement pris par la
séminariste de se vouer au service paroissial des colonies.
Cette perspective d'expatriation ne devait guère sourire
au jeune Bernier. Il fallait qu'il eût une vocation bien dé·
terminée pour accomplir ce sacrifice. En l'accomplissant
il s'immola deux fois. Cependant il consentit à s'engager,
et comme c'était un sujet d'élite, on s'empressa de l'ac·
cepter.

C'est ainsi qu'il fit sa philosophie et sa théologie. Ses
études terminées, il reçut les ordres sacrés et fut nommé
vicaire à la Martinique. Mais avant de quitter la France et
son cher Bocage il dit sa première messe solennelle à
l'église de sa paroisse natale, et jamais abbé renté, riche
à millions, s'il en fut jamais — ce dont je doute — ne fut

régalé de pareilles noces. Il m'en souvient comme d'hier, de cette fête de braves gens. L'église de la Sauvagère était pleine comme un jour de Pâques. Emu, l'officiant lançait un peu au hasard et du meilleur cœur du monde les *Oremus* et les *Dominus vobiscum*, mais il avait la voix fausse et rebelle. Il était privé de tout sentiment musical; quand vint la redoutable épreuve de la Préface, il se jeta à gosier perdu à travers les écueils, et son fausset l'avait conduit par delà le troisième ciel quand il associa sa prière à l'hymne éternel de la céleste milice. Il en prenait son parti de bonne grâce et s'égayait le premier de cette petite infirmité.

L'ancien presbytère de la Sauvagère était précédé d'une cour d'honneur entourée d'une verte charmille. Il faisait un temps magnifique, et c'est là que le couvert avait été mis, déployé en immense fer à cheval. Chacun avait-il envoyé son cadeau de noces ? je ne sais, mais les victuailles ne manquaient pas. Les amis non plus. Il y en avait de toutes les classes et de tous les costumes. Les plus heureux et les mieux régalés furent les pauvres auxquels on distribua les opulents reliefs du festin. On mit les os blancs comme ivoire. Ceux-ci même ne furent pas perdus. Les bergers d'alentour donnèrent-ils un jour de congé à leurs fidèles auxiliaires ? la proximité des forêts entretenait-elle en ce temps-là dans le pays de la Sauvagère le goût de la chasse ? Trois jours après la noce les allées du boulingrin avaient l'air d'avoir été balayées et le gazon râtelé.

L'abbé Bernier remplit à la Martinique les fonctions de son vicariat avec le zèle le plus édifiant. Toutefois ses

forces le trahirent; une congestion au poumon jeta les pre-
mières alarmes parmi ses supérieurs et ses compagnons.
Il fallut le rapatrier. Parti fort malade, il arriva mourant
à Brest. Les bons soins reçus à l'hôpital militaire le rap-
pelèrent à la vie. Il ne fallait pas songer à le renvoyer
aux colonies ; il obtint sans difficulté son *exequatur*, et sa
demande de rentrer au diocèse de Séez fut bien accueillie.
Cette faveur méritée mais exceptionnelle le guérit pour un
temps radicalement. Nommé vicaire à Bellou-en-Houlme,
presque au sein de son pays natal, il se dévoua tout.en-
tier à son ministère. Il ne lui manquait vraiment que
l'harmonie de la voix, mais s'il ne pouvait aborder le
lutrin, il montait résolument en chaire où tout l'ensemble
de sa personne, la correction élégante de sa tenue, la
sûreté de sa doctrine et la prudence de sa parole inspi-
raient à ses auditeurs le respect et la sympathie. Dès ce
temps-là, il méditait la construction de la chapelle des
Frisches, multipliait les démarches, recevait en silence
les conseils, les remontrances et les rebuffades, et cons-
truisait en rêve.

Nommé curé du Chalange, l'image de son hameau natal
dont il se trouvait plus éloigné ne s'en présentait que
plus vivement à ses yeux, et tout son désir volait vers
son clocher dont la première pierre n'était pas posée, mais
dont il voyait tourner le coq au vent de la forê.. Rêve de
malade, d'autant plus obstiné. Dieu qui voulait abréger
son purgatoire, ne lui a pas épargné les longues souffran-
ces d'une agonie prolongée. Mais son désir est accompli,
sa chapelle est debout. On y vient en pélerinage et on y
dit la messe. Notre-Dame des Prises a une sœur, et Notre-

Dame des Frisches fait honneur à la famille. Elle trouve aujourd'hui un chantre et un historien. Qu'il soit permis au confident, au complice de l'histoire et du cantique d'accrocher au fronton de son patriotique monument le nom du pieux fondateur, l'abbé François Bernier.

GUSTAVE LE VAVASSEUR)

Mauny,... 1896.

A Monsieur l'abbé Gaulier, ancien vicaire de la Sauvagère

Cher Monsieur le Curé,

Vous me demandez une notice, un récit de pèlerinage, une étude en prose et en vers sur la chapelle de Notre-Dame des Frisches. Vous faites appel, dites-vous, à mon talent d'écrivain. Grand merci du compliment dont je suis confus mais fort peu dig .e ! Oubliez-vous que j'ai fait mes classes à l'école primaire ?... A vrai dire, je ne suis qu'un paysan, ce qui n'est point pour me déplaire, et un igno-rant, ce que je déplore, n'ayant pas le remède sous la main. L'on peut aimer et chanter au village, cela vient tout naturellement ; mais savoir c'est autre chose. La science n'a pas encore appris le chemin de mon hameau. Je suis cultivateur et tonnelier, je ne suis point archi-tecte.

Je ne me connais ni en ogives ni en pleins cintres et j'ignore la la·gue de l'école des Beaux-Arts... Toutefois, vous me tentez singulièrement car je me figure que vous faites plutôt appel au chrétien. C'est qu'en effet j'aime beaucoup la jeune et jolie chapelle de notre Sauvagère, à cause de sa patronne surtout que j'appris à nommer sur les genoux maternels. Je serais heureux de décrire, de chanter le sanctuaire et son hôtesse auguste. A défaut du savoir suffisant, pour honorer Marie et son oratoire, l'affection m'inspirerait peut-être.... et je me risque.

*
* *

Vous souvient-il, cher Monsieur le curé, de l'heureuse époque ou vous étiez jeune ? Vicaire de la Sauvagère et mon cathéchiste, vous me saviez si bon gré de mes efforts que vous avez continué de prodiguer à l'adolescent le témoignage de la sollicitude affectueuse dont vous entouriez l'enfant.

J'avais mes instants de paresse et mes tentations d'indépendance ; je les ai encore. Mais j'avais aussi mes jours de bonne volonté, d'entière soumission, ceux-ci, je me les rappelle avec la joie d'une conscience en paix. Puisque vous m'en offrez l'occasion, je veux vivre encore une de ces suaves journées. Envoyé par vous à la découverte et au travail, je suis comme l'enfant que son père envoie glaner pour la première fois. Souvent le novice ouvrier se trompe ou s'attarde en besogne ; comme lui, je vais sans doute courir après les papillons et cueillir plus de bluets, de coquelicots et d'herbes folles que d'épis. Qu'importe ? naïf et confiant, je reviendrai quand même fier de ma glane ou mon bouquet : nous le déposerons ensemble sur l'autel de la bonne Vierge.

Louis PECCATE.

NOTRE-DAME DES FRISCHES

La dévotion à la très-sainte Mère du Sauveur n'est pas récente. Elle est de l'âge du Christianisme. Aux prises avec la douleur et sublime de dévouement, c'est au pied du Calvaire que nous apparaît la touchante vision de Marie. Sa pure et douce figure, dans le ciel de la réligion catholique, brille comme une étoile, comme un astre visible même auprès du soleil divin.

Le long des dix-huit derniers siècles, l'histoire nous montre le culte de Marie populaire chez les chrétiens. Leurs soixante générations ont recueilli tour à tour les paroles de l'homme-Dieu-Libérateur expirant qui l'associait à sa mission rédemptrice et la leur donnait pour mère. Elles ont accepté avec une ardente gratitude cette disposition particulière de son testament, ce legs précieux de son amour pour l'Humanité.

De même que l'Evangile a civilisé le monde en substituant des mœurs plus douces à la barbarie de nos lointains aïeux : ainsi la croyance, la confiance aux prérogatives de celle qu'on surnomma la consolatrice des affligés, le refuge des pécheurs, adoucit en quelque sorte dans l'âme pécheresse l'amertume de ses fautes et mélange l'espérance de la miséricorde à la crainte, à la terreur de la suprême justice. Il est si naturel, si fortifiant au pauvre cœur humain d'espérer en Dieu comme à travers la tendresse et la bonté d'une mère !

Entre autres anecdotes authentiques ou légendaires, l'histoire rapporte que Guillaume le Conquérant, subitement arrêté dans ses projets de vengeance ou d'ambition, renversé de cheval au sac de Mantes et mourant à Rouen de sa blessure, allait comparaître devant le Roi des Rois, le Dieu de sa religion sévère aux grands non moins qu'aux petits. L'heure était lourde : comme un rayon du soleil couchant qui se dégage tout à coup fait paraître encore plus sombres les nuages d'alentour, le passé du guerrier moribond s'amoncelait gros d'injustices, de violences et de cruautés. Mais, en même temps, l'astre de la foi montrait au chrétien plein de remords celle que tant de pécheurs invoquent dans leur misère et le fils d'Arlette à l'agonie soupira : — Je me recommande à Madame Marie, la sainte mère de Dieu.

Non contents d'élever des églises consacrées au culte divin, les héritiers du preux duc Guillaume et de la dévote Mathilde faisaient aussi bâtir des *sanctuaires* dédiés à la Vierge-Mère.

Ainsi que la Bretagne, sa voisine, la Normandie se couvrit d'édifices vénérés, lieux de prière, de retraite ou de recueillement. Dans l'enceinte du château féodal, à l'intérieur du monastère, il y eut des chapelles et des oratoires tandis que la piété du peuple élevait partout des autels à Marie. On accourait en foule aux grands pélerinages comme ceux des Touraux ou de la Délivrande, mais il n'était si mince ou si chétive église où les habitants du hameau ne pussent se donner rendez-vous aux pieds de la Madone.

Ailleurs, le long des chemins, souvent la croix de bois renfermait une statuette plus ou moins artistique représentant la mère du Christ. Dans les murs de certains logis et dans les troncs de maints vieux arbres, sur les sommets des collines, au fond des vallons, près des fontaines, il n'était pas rare de rencontrer l'image — ou son ébauche — de la bonne Dame du Ciel.

Ces rustiques emblèmes -de la foi de nos pères étaient censés protéger le pays, les sentiers. les demeures et même les moissons, récompense des fatigues du laboureur qui se signait à leur aspect. Et combien de fiancées, combien d'épouses, combien de pauvres mères inquiètes de l'absent bien-aimé sentirent au fond de leurs cœurs gros d'angoisses reluire comme un rayon d'espoir, alors qu'elles pleuraient encore, à genoux devant la Gardienne du carrefour !.... Chaque rendez-vous en l'honneur de la Vierge ou des saints passait pour avoir sa vertu particulière.

Parfois, sans doute, l'ivraie de la superstition poussait parmi le véritable grain de l'orthodoxie. Toute bonne semence a besoin des soins éclairés du semeur, et les dons du Ciel végètent souvent au milieu des produits d'ici-bas. La piété a ses parasites, mais Dieu pardonne l'ignorance de l'esprit, l'abus ou la déviation de la confiance en faveur de la simplicité du cœur. Moissonneur immuable, Il a trié la récolte et vanné le froment que lui fournirent en abondance les siècles fervents qui ne sont plus.

M. le comte de Contades, l'historien du canton de la Ferté-Macé, consacre un intéressant chapitre à la chapelle édifiée jadis au carrefour du Mont-d'Hère, sur les confins nord-est de la paroisse, auprès du grand chemin d'Alençon à Tinchebray.... Le royal pélerin Louis XI, qui se rendait par là du château de Carrouges au Mont Saint-Michel, put la saluer en passant, car un document authentique signale sa présence en cet endroit dès le 22 janvier 1451. Cette chapelle, bâtie sur la limite extrême de la paroisse du Mesnil-de-Briouze et que la tradition, paraît-il, croyait dédiée à saint Laurent, finit, après une longue décadence, par disparaître entièrement il y a cent ans environ. (1)

Vers l'autre bout de la Sauvagère, au sud, sur la lisière de la forêt d'Andaine, existait alors depuis longtemps la chapelle des Prises, consacrée à Marie. L'infatigable chercheur, l'écrivain savant et consciencieux à qui je continue d'emprunter ces détails, la trouve mentionnée pour la première fois dans un acte notarié du 27 avril 1668, (2) mais son érection remonte à une date beaucoup plus ancienne. (3)

M. l'abbé L. Bobot, curé de la Ferrière-aux-Étangs, chanoine honoraire du diocèse de Séez et propriétaire actuel de la Chapelle des Prises qu'il a fait rebâtir avec autant de goût que d'intelligence, a bien voulu me donner des renseignements d'après lesquels il résulte que cet oratoire

(1) Notice sur la commune de Lonlay-le-Tesson, page 67 et suivantes.

(2) Notice sur la commune de la Sauvagère, page 119.

(3) Note communiquée par M. le curé Bobot.

rééditté fut béni le 14 septembre 1735 (1). L'antique statue de la sainte Vierge, précieusement conservée, passe pour être miraculeuse. On croit toujours aux grâces merveilleuses obtenues ici par l'intercession de Marie.

Il est certain que les fidèles des alentours conservent une grande confiance en Notre-Dame des Prises. Les mères de famille y vont en pèlerinage avec les leurs. Je me rappelle avec attendrissement que celle qui n'est plus ici-bas m'y conduisit moi-même par la main — parfois sur son bras — lorsque j'étais bien petit encore. Pressentant peut-être déjà sa fin si prématurée, hélas ! ma pieuse mère de ce monde allait conjurer celle du Paradis de veiller toujours sur son enfant... Ce souvenir, l'un des premiers, est aussi pour mon âme l'un des plus touchants et des plus doux.

Non loin des Prises existait la forge de la Sauvagère, en activité dès la fin du XVIIe siècle. Alors qu'un certain nombre d'ouvriers y travaillaient, une messe était dite spécialement pour eux, chaque dimanche, par un chapelain attaché au service de la chapelle voisine. Il y fut administré des baptêmes. Des mariages y furent aussi célébrés (2).

(1) C'est ce que dit aussi beaucoup plus longuement M. de Contades. V. Notice sur la commune de la Sauvagère, p. 121, 122 et 123.

Autour de la Chapelle des Prises, il se tenait de temps immémorial, il se tient encore chaque année, le dimanche qui suit le 8 septembre, fête de la nativité de la Sainte-Vierge une assemblée dite « l'Angevine ».

(2) Le 7 février 1754 eut lieu dans la chapelle des Prises le mariage de messire Daniel David de Monpinson, chevalier, sieur de Saint Maurice, seigneur du Teilleul et autres lieux, et demoiselle Anne de Vaux-Bidon de Lépinay, fille de messire Laurent Bidon, sieur de Vaux, conseiller du Roi et commissaire des guerres.

Le 27 octobre 1768, eut également lieu dans la chapelle des Prises le mariage de messire Charles Bordin, sieur de la Jarials — ou la Josiais — écuyer, garde du roi, et demoiselle Marie-Anne de Vaux-Bidon de Bellefontaine.

Cette famille de Vaux-Bidon était alors propriétaire de la grosse forge de la Sauvagère, (M. de Contades, histoire de la commune de la Sauvagère, p. 83, 84, 85, et notes communiquées par M. Bobot.)

La forge a disparu depuis quatre-vingts ans. La chapelle est toujours là. Mais elle ne fait plus partie du territoire de la Sauvagère. Vers l'aube du présent siècle, à son couchant, la jeune commune de St-Michel-des-Andaines, qui se formait à même plusieurs vieilles voisines, la prit à la nôtre.

Ici, grâce à Dieu, le patriotisme de clocher, de clocheton même, est tenace, et la foi des ancêtres demeure le lot des héritiers. Mes pieux compatriotes souffraient réellement de cette sorte d'usurpation; d'enlèvement de leur chapelle bien-aimée. Sans doute la maison de leur bonne mère des Prises leur restait ouverte à volonté, mais d'autres en avaient la clé : gêne douloureuse pour des enfants affectueux jusqu'à la jalousie. On songea bientôt à ramener Notre Dame chez son aimante famille de la Sauvagère.

Ce fut l'un des nombreux ecclésiastiques nés dans cette paroisse, l'abbé François Bernier, mort curé du Chalange en septembre 1869, qui eut le mérite et l'honneur de réaliser ce dessein... Je m'empresse, après mon dévoué maître Le Vavasseur, d'offrir en passant à la mémoire de ce digne prêtre un affectueux souvenir personnel, un hommage presque filial. Je le lui dois d'abord pour avoir fondé le nouveau sanctuaire voisin, puis au titre plus particulier de camarade d'âge et de communion de mon père.

Pauvre de fortune, mais riche de zèle et de persévérance, à force de démarches et de sollicitations, M. Bernier réunit lentement la somme nécessaire à son projet. Il réussit à faire construire — également au bord de la forêt d'Andaines, mais à plus de trois kilomètres à l'ouest des Prises — au-dessus de son hameau natal, aux Frisches, la chapelle où j'arrive enfin moi-même, flânant et « buissonnant » comme un écolier (1).

(1) Les pèlerins n'y accèdent en réalité que par d'étroits sentiers, en attendant qu'un chemin vicinal dont croît l'urgence, fasse communiquer plus convenablement la chapelle et le hameau des Frisches à la route voisine.

III

Après avoir dépassé le bourg de la Sauvagère d'environ quinze cents mètres, le voyageur qui suit la route de la Ferté-Macé à Flers aperçoit de loin, au sud-ouest, sur l'autre versant de la Vée, assis aux premiers gradins de l'amphithéâtre forestier que l'horizon clôt, dominant et comme présidant un groupe de toits ruraux, un élégant édifice qu'il prend quelquefois pour une église, et il demande le nom de cette paroisse qu'il ignorait. Complétant l'illusion, chaque jour ouvrier de la semaine, une cloche argentine et vibrante y sonne à midi *l'angelus*, à la grande satisfaction des travailleurs épars dans les prés, les champs et les bois d'alentour.

Mais approchons et, s'il se peut, sans distraction nouvelle, à vol d'oiseau vers le nid, allons contempler de plus près le gracieux oratoire dont le frontispice indique la date de 1866 et dont l'enceinte, à la fois, pourrait contenir au moins deux cents personnes.

L'intérieur est digne de l'extérieur. Cette chapelle a presque l'air, en effet, d'une petite église.

A gauche du bénitier, près d'un confessionnal, diverses inscriptions rappellent la fondation et la consécration du sanctuaire. Voici ensuite, au-dessus des tableaux d'un chemin de croix placés en 1893, en face l'une de l'autre, les statues de sainte Radegonde et de saint Ortaire ; l'une, ancienne reine mérovingienne qui termina ses jours dans la retraite, et l'autre, ermite des premiers âges chrétiens, qui, d'après l'histoire, la légende ou la tradition, défricha lui-même une parcelle de la contrée : tous deux invoqués spécialement comme patrons de la culture et protecteurs des récoltes.

Plus loin, se faisant aussi pendant, les statues de saint Joseph et de saint François de Sales s'offrent de même à la vénération des fidèles. Ces deux bienheureux durent être les patrons spéciaux du pieux fondateur qui portait le prénom de François et qui, d'abord, comme l'artisan de Nazareth, exerça quelque temps le métier de charpentier.

Ce sont là d'édifiants souvenirs, heureusement provoqués, auxquels le bon goût et la simplicité des statues donnent un charme intime, une distinction particulière. Un air de majesté, de sérénité suave empreint la physionomie de ces favoris de la grâce, et l'âme, à leur aspect, sent comme une émanation de paix, un parfum de vertu, je ne sais quel indéfinissable attrait qui porte à mieux vivre, à aimer Dieu davantage.

Au-dessus de l'autel en chêne artistement sculpté qui s'élève au fond de l'enceinte, ainsi qu'une reine entourée de ses féaux, préside la statue de la maîtresse de céans. Un ex-voto de reconnaissance est à ses pieds. L'Ève réparatrice a la grâce d'une vierge et l'attrait d'une mère aux bras étendus et les mains ouvertes. Il semble que le rayonnement de sa mansuétude enchante non-seulement le sanctuaire, mais s'étende encore au loin par les vallons, sur les collines, dans les hameaux, et les bourgs de notre Bocage bien-aimé.

Voilà, cher monsieur le Curé, quelles sont les impressions du touriste. Je vous l'ai déjà dit : je ne suis pas architecte. Faut-il l'avouer ? Je ne le regrette qu'à demi. La science traîne après elle la critique, et, d'ailleurs, qu'apprendraient aux humbles pèlerins, mes pareils, des mots techniques, barbares pour eux comme pour moi-même ? Le langage que nous comprenons et qui doit le mieux convenir ici, c'est celui de la prière.

Les habitants des Frisches sont justement fiers de leur chapelle. Ils ont raison d'en être heureux. Il est doux, vers le soir, de s'élever à ce nid de recueillement, à ce vestibule du ciel : l'âme s'y délasse du poids du jour et s'y prépare le repos. Ici, tout est calme, harmonieux : le silence de la forêt s'unit à la tranquillité de l'oratoire.

IV

Ainsi ce monument de piété locale, édifié jadis au mont d'Hère sur le chemin qui venait des villes, est maintenant de l'autre côté de la Sauvagère, à l'extrémité des cultures, à l'ombre de la forêt, comme dans un ermitage antique... Image assez fidèle et frappante des destinées de la foi chrétienne elle-même qui, d'abord, se propagea des cités aux campagnes et qui, maintenant, en butte aux attaques du scepticisme, aux railleries de la frivolité mondaine, aux outrages ou aux dédains des foules matérialistes, semble se réfugier près des solitudes, chez les villageois.

V

Au moins ceux-ci recueillent avec déférence l'auguste fugitive, et les longues files de pèlerins témoignent de leur piété persévérante et de leur confiance en la sainte Vierge. Suivons-les et reportons-nous en esprit au beau mois de mai que nous appelons aussi le mois de Marie. Nous sommes au lundi, jour consacré aux pèlerinages.

Non-seulement, tous les mois, une messe est dite aux Frisches par l'un des prêtres de la Sauvagère à l'intention du repos des âmes des bienfaiteurs défunts et plus spécialement de celle du fondateur de la chapelle ; mais encore aux temps de pluie ou de sécheresse excessives, ou lorsqu'un autre extraordinaire fléau quelconque menace la santé de ses ouailles ou leurs moissons, M. notre curé s'empresse de convoquer aux pieds de la sainte Vierge un concours général.

Il s'agit aujourd'hui d'implorer Notre-Dame des Champs et d'attirer les bénédictions du Seigneur sur les biens temporels, les promesses, les fruits de la terre, nés à peine et si délicats encore.

A l'heure annoncée de la veille, les voisins accoururent. Contre l'ordinaire, les plus proches arrivèrent les premiers. J'en étais. Après avoir dit ma prière dans le charmant asile, je sortis pour faire place à d'autres et pour jouir de la superbe vue que l'on a de la terrasse précédant l'édifice à demi enfoncé dans l'escarpement de la forêt.

D'en bas, de la vallée, amont des « rotes » ombragées

de ramures, venaient à la file et pêle-mêle hommes, femmes, jeunes filles alertes et gaies. On eût dit une légion de fourmis affairées sur le chemin de la fourmilière, ou plutôt le bourdonnement joyeux d'abeilles arrivant à la ruche. Un matin radieux animait et colorait encore ce tableau dont le cadre était magnifique.

Comme une parure de fiancée, comme un nuptial manteau richement festonné, la verdure embellissait les prés, les champs et les bois. Dans des carrés divers et pittoresques, enclos de haies pleines de chansons, les jeunes moissons grandissaient en famille. Le soleil souriait à l'enfance des avoines et des orges, à l'adolescence des seigles et des froments.

Dépouillés des blanches couronnes de leur hyménée, les pruniers et les cerisiers cachaient leurs fruits naissants sous une opulente feuillée, charme des yeux. Les grands poiriers séculaires semblaient vouloir élever fièrement jusqu'au ciel leurs têtes blanches. Plus modestes, mais plus coquets, les pommiers, nos chers pommiers, les orangers de Normandie, véritables bouquets de pourpre et d'argent, nous régalaient déjà des espérances de leurs fruits d'or.

Les zéphirs, qui venaient de caresser la blonde chevelure des bouleaux blancs de la forêt, descendaient se jouer amoureusement dans les berceaux des fruits de la campagne et jetaient sur les pèlerins des jonchées de fleurs.

Seul — antithèse ou décor — par ci par là quelque pin, toujours sombre, faisait ressortir les fraîches couleurs de ses voisins. Telle, auprès d'une assemblée de jeunes femmes aux toilettes éclatantes, apparaît une vieille au capuchon de veuve, au deuil perpétuel.

Ces ombres ou ces taches légères semblaient ponctuer la clarté. Les côteaux et la vallée étaient baignés dans la lumière qui versait à flots la vie et la joie sur nos hameaux resplendissants.

De mon observatoire je découvrais à la fois, couronnés de leurs blancs diadèmes d'arbres épanouis : en bas, les Clos déserts, le Bray dont le moulin se tait, le Marquisat vide et silencieux aussi, les Cortières, la Bertinière, que son antique monument rend désormais célèbre, le Rocher-Barré, la Mésengère, et Mauny, mon cher petit berceau, la retraite ou rêve, pense, prie et chante solitaire le sauvage et casanier roitelet.

Plus loin, à droite des collines de la Coulonche et de sa belle église, s'étageaient vers l'horizon septentrional l'Assetière, l'Etre-Bernier, la Bigotière et le Parc, avec leurs « troches » de vieux hêtres fiers de leurs jeunes rameaux verts et qui, là haut, le front dans l'azur, attestaient éloquemment, eux aussi, la munificence du Créateur.

VI

Cependant lo prêtre était arrivé. La messe commençait au milieu du recueillement de tous. Une partie seulement des assistants put pénétrer dans l'enceinte. J'étais resté dehors : moitié dévot, moitié distrait, j'écoutais les voix du ciel et celles de la terre. Les chansons du bocage répondaient aux chants de l'autel et les oiseaux semblaient accompagner l'officiant.

Je ne sais quoi de fraternel, de serein, de céleste, planait sur l'assemblée à genoux. L'espérance illuminait les regards fixés à l'autel où sur la statue de la bonne Viérge Marie. On sentait que chacun des cœurs s'allégeait de quelque fardeau, s'ouvrait à quelque intime consolation... Joies sacrées de la piété, quels plaisirs sont capables de vous surpasser ici-bas ? Quelle meilleure philosophie pourrait jamais vous remplacer chez aucun de nous.

Pauvres mères anxieuses, faibles femmes éprouvées, jeunes filles souriantes, adolescents légers d'expérience et de soucis, vieillards courbés vers la tombe, travailleurs fatigués, lutteurs affaiblis ou blessés aux continuels combats de la vie : allons tous, simples et confiants comme des petits au toit paternel, allons tous aux maisons de la prière et des sacrements, ces banquets mystérieux, où les âmes de bonne volonté se nourrissent de pardon, de force et de paix !

Retournons-y souvent nous délasser, nous fortifier encore ! Ces haltes-là ne seront pas un retard à notre marche en avant. Sur l'âpre et long chemin du progrès, du devoir et du bonheur, les temples sont des hôtelleries où se restaurent les frêles pélerins...

VII

Etait-ce là positivement le sermon d'un jour ? Peut-être... L'orateur traita-t-il une autre matière ? C'est encore possible... J'étais dehors, un peu distrait, méditant en particulier et me sermonnant moi-même, tout bas... Mais je connais bien, j'estime et je vénère surtout notre zélé pasteur : il édifie tout le monde et n'ennuie personne. Il prie, prêche, exhorte, encourage, félicite même parfois, toujours à propos. Malgré le chapelet, malgré les litanies des Saints ajoutées à la messe et au discours, nul ne se plaignit de la longueur de la cérémonie qui dura plus d'une heure. Le soleil montait depuis longtemps dans sa rampe d'azur lorsque nous descendîmes la pente ombreuse de la colline bocagère.

VIII

En rentrant à la maison je retrouvai dans ma mémoire
la méditation qui m'était venue au seuil de l'oratoire, au
milieu de la pieuse assemblée. Et, comme une mère ac-
courant à l'enfant qui s'éveille dans son berceau, la Muse
en souriant habilla, fit sourire et gazouiller la fillette. Elle
l'apporte au grand jour, et vous la présente, amies lectrices
et bienveillants lecteurs... Est-ce une ode ? est-ce un cantique ? Peu m'importe son nom pourvu que vos cœurs
daignent l'accueillir ou l'adopter!... Que les bonnes âmes
récitent, que les belles voix chantent ce salut à Notre-
Dame des Frisches :

Sanctuaire de la vallée
Mon vieux berceau, mon cher séjour,
Chapelle de l'Immaculée
A toi monte ce chant d'amour !...
De sa patronne vénérée
Que de fois déjà la contrée
A reçu l'aide, les bienfaits !
Rempli d'espoir chacun l'implore,
Et chaque jour ajoute encore,
Aux présents qu'elle nous a faits.

Heureux qui visite sa mère !
Point d'accueil froid, rude ou moqueur ;
L'enfant dit son vœu, sa chimère,
Il donne à feuilleter son cœur.
Il livre toute sa pensée ;
Il évoque l'aube passée ;

Il redoute moins l'avenir.
Pendant qu'au dehors tout l'agite,
Ici tout le calme. Il la quitte
En promettant de revenir.

Tout près d'ici, dans la prairie
Où, dès neuf ans, j'étais berger,
Moi-même conjurai Marie
De m'aimer, de me protéger.
L'orphelin, pensif de bonne heure,
Devinait qu'à celui qui pleure
Souriait son œil maternel :
Pour moi plus de baisers sur terre !
Mon cœur, trop ardent pour se taire,
Appelait ma mère du Ciel !

Coupe de lait vite épuisée !
Printemps que remplace l'été !
Le soleil a bu ta rosée
Aurore de ma piété !
C'est l'après-midi, c'est l'orage !
Ma vie est en proie à la rage
Des trombes, des penchants mauvais.
Parfois je tombe ou me fourvoie :
Il fait si sombre dans ma voie
Que je ne sais plus où je vais.

Péril qui souvent m'inquiète !
Énigme, problème effrayant !
Le pâtre devenu poëte
Restera-t-il simple et croyant ?
Qui le gardera, dans sa route,
Des traîtres feux-follets du doute,

Des tentations de l'orgueil ?
Détourne, ô mère ! tout désastre !
A l'horizon sois toujours l'astre
Eclairant le gouffre ou l'écueil !

Préserve-moi du vice immonde,
Et contre l'erreur défends-moi ;
De la contagion du monde,
Sauve mes mœurs, sauve ma foi !
Garde-moi fidèle au village,
Insoucieux d'une autre plage,
Heureux de mon humble destin !
Fais mon âme soumise et bonne ;
Qu'au soir encor mon front rayonne
De l'auréole du matin !...

Mais je ne suis point fils unique :
Mère, tes enfants sont nombreux.
Ma voix fraternelle et publique,
Ici, doit te prier pour eux.
Que ta main dirige et soutienne
Tous ceux de l'Eglise chrétienne ;
Aime aussi les autres humains.
— Tous les vivants font pénitence —
Aux pélerins de l'existence
Rends plus doux les rudes chemins.

Notre aimable Vierge des Frisches,
Protège surtout nos hameaux ;
Donne la bienfaisance aux riches,
Aide au pauvre à souffrir ses maux,
Du juste augmente l'allégresse,
De l'âme faible ou pécheresse

Attire au bien la volonté ;
Rends l'heure à chacun plus légère,
Verse à toute la Sauvagère
Les sourires de ta bonté.

Gouverne, du haut de ton trône,
Reine des saints, notre pays ;
Demeure à jamais la patronne
Et des pasteurs et des brebis.
L'esprit droit, le cœur grand et large,
Que le prêtre porte sa charge
En lauréat du champ d'honneur !
Garde au peuple des jours prospères,
Que nos fils imitent leurs pères
Les plus fidèles au Seigneur !

Qu'ils aiment assez leur patrie
Pour ne point aller vivre ailleurs ;
Dame des champs, Vierge Marie,
Retiens ici les travailleurs.
Le sillon vaut mieux que la rue.
Gloire à qui conduit sa charrue
Dans le champ qu'il n'a point quitté !
Mais, s'il délaisse la campagne,
Que ton souvenir accompagne
Le villageois à la cité !...

Pour nous, demeurés à ton ombre,
Nous portons, grâce à ton amour,
Et malgré leur poids ou leur nombre,
Nos faix, nos croix de chaque jour.
Chacun de nous, après l'offense,
Vient te confier sa défense

Avec la rançon de ses pleurs :
Nul pardon que Dieu ne t'accorde,
O reine de miséricorde !
Mère des fécondes douleurs !

La douceur est au fond des larmes
Du repentir humble et fervent ;
L'effort pour moi-même a des charmes,
Pécheur contrit me relevant.
Marie, en ton aide j'espère !
Le prodigue enfant que son père
Semblait avoir abandonné :
Las d'une existence indigente,
Implore sa mère indulgente
Qui le ramène pardonné.

Lorsque, chez la famille unie,
Augmente l'amour fraternel,
C'est l'ordre, la paix, l'harmonie,
L'hymne aimé du Père éternel.
Apprends-le-nous, mère si tendre !
Et nous attire où tu vois tendre
Notre espoir et notre ferveur :
Au Ciel, dans l'heureuse assemblée,
Comme aux pâtres de Galilée,
Tu nous montreras le Sauveur !

ERRATA

Page 3, avant-dernière ligne, au lieu de *désireuse*, lisez : désireux.

Page 11, ligne 12, au lieu de *l'homme-Dieu*, lisez : l'Homme-Dieu.

Page 12, ligne 10, au lieu de *Roi des Rois*, lisez : Roi des rois.

Page 15, première ligne, au lieu de *béni*, lisez : bénit.